COLLECTION

D'une voix l'autre

dirigée par

MARC LEYMARIOS et PASCAL RIOU

Reiner KUNZE

Un jour sur cette terre

Traduit de l'allemand
par Mireille Gansel

Préface
d'Emmanuel Terray

D'une voix l'autre

CHEYNE

De Reiner Kunze, on peut lire également en français :

Poètes de la République Démocratique Allemande
Traduit et présenté par Mireille Gansel (bilingue)
Les Lettres Nouvelles, 1971

Les Années merveilleuses
précédé de *En sourdine* (extraits)
Traduit par René Daillie
Le Seuil, 1978

in *Poésie* n° 84 (1998) - Traduction Mireille Gansel

in *Conférence* n° 9 (1999) - Traduction Mireille Gansel

Anthologie de la poésie des Allemagne 1975-2000
Maison de la poésie Rhône-Alpes, 2000

Sans quiétude aucune
Anthologie de la poésie allemande contemporaine
Choix et traduction Barbara Paul
Le Temps des cerises, 2001

in *Poésie* n° 98 (2001) - Traduction Mireille Gansel

Nos vifs remerciements à Jean-Yves Masson
sans qui ce livre n'aurait pu voir le jour,
ainsi qu'au Collège international
des traducteurs littéraires en Arles.

F - 43400 Le Chambon-sur-Lignon

ISBN 2-84116-059-9

PRÉFACE

Reiner Kunze naît en 1933, dans l'Erzgebirge, d'un mineur et d'une ouvrière en bonnetterie : on ne saurait être davantage enfant du peuple. Dans sa vie — comme dans chacune des nôtres, sans doute, mais plus contrastées — la lumière et les ténèbres. La lumière : une des plus belles histoires d'amour que je connaisse. Laissons-lui le soin de la raconter :

"Sur une carte postale adressée à Radio-Leipzig, une dame d'Usti nad Labem (Aussig-an-der-Elbe) demande un jour un poème d'un certain "Kunz", entendu au cours d'une émission. Je pensai que la dame pouvait être une Allemande d'un certain âge, ou bien une germaniste, car la carte était rédigée dans un allemand impeccable. J'envoyai le poème et reçus une lettre de quatre pages. La dame avait mon âge, elle était tchèque et médecin. Il s'ensuivit une correspondance qui devait atteindre le chiffre fabuleux de 400 lettres, dont certaines avaient jusqu'à 25 pages. Nous échangeâmes aussi nos photographies et ma correspondante — trait typiquement humain — m'en envoya une où elle avait dix-sept ans (et cette photo est bien le portrait le plus désavantageux qu'on puisse se faire d'elle). Mais cela m'était égal, à quoi ressemblait cette femme. Sans jamais l'avoir vue, car en ce temps-là il n'était pas possible de voyager au-delà de la frontière à titre individuel, je l'appelai une nuit au téléphone et lui demandai si elle voulait être ma femme. Elle me répondit oui sans hésitation. Quand par la suite je réussis à me rendre à Prague pour un voyage collectif de trois jours, je me trouvai devant une femme indiciblement belle et charmante, tandis qu'elle m'avoua plus tard que pour sa part elle m'avait reconnu au long pardessus démodé que je portais sur la photo. Je suis donc entré par mariage en Tchécoslovaquie, à moins que je me la sois "annexée" par alliance..."

*
* *

Hélas ! Après avoir fait le bonheur de Reiner Kunze, la Tchécoslovaquie fera aussi — bien malgré elle — son malheur. Le 21 août 1968, les troupes du Pacte de Varsovie franchissent la frontière tchèque et se ruent sur la malheureuse République. Dès le lendemain, Madame Kunze trouve des fleurs déposées sur son seuil, mais cette solidarité silencieuse ne peut rien contre l'orage qui se lève. Reiner Kunze n'a pas pu et n'a pas voulu cacher son indignation : alors, la persécution commence. Elle durera neuf ans, jusqu'à ce que les Kunze, menacés dans leur santé physique et morale et dans leur existence même, finissent par se réfugier en Allemagne fédérale.

Après la chute du mur de Berlin, Reiner Kunze entrera par hasard en possession des 3500 pages du dossier réuni contre lui par la *Stasi*, et il publiera quelques extraits sous le titre de *Deckname : Lyrik*. Espionnages en tous genres, atteintes à la vie privée, tentatives de corruption, menaces, chantages, calomnies : on verra qu'aucun moyen n'a été négligé pour venir à bout, d'une façon ou d'une autre, de la résistance du poète. Que soumis à un pareil assaut, il ait conservé son équilibre et sa sérénité, voici qui en dit plus long que tout éloge sur la qualité de l'homme.

Pour Reiner Kunze, la poésie est la plus efficace ou peut-être même la seule défense possible contre la barbarie débordante du monde. Cette barbarie est multiforme et ses variantes "ouvertes" ne sont pas forcément les plus redoutables. Est barbarie tout ce qui tue l'homme en nous et surtout cette violence qui est la face la plus nocturne de notre nuit intérieure :

Les ténèbres dans le poing
sont un morceau de ténèbre en nous
Qui brandit le poing, brandit
l'obscurité en signe
Et à l'instant où nous lapidons
en nous les ténèbres sont
denses comme dans la pierre

(Méditation sur un torse)

*
* *

Car la barbarie n'est pas seulement ni même principalement un fait extérieur à nous, qu'il nous serait donc facile de repérer, de circonscrire et de combattre. Souvent à notre insu, elle s'insinue en nous ; elle s'y installe, elle s'y propage et finit par gagner de proche en proche toutes les parties de notre être, à la manière d'un gel qui glacerait peu à peu nos articulations et nos muscles. C'est ce processus de diffusion intérieure que Reiner Kunze désigne du terme de pétrification ; lorsqu'il est achevé, nous sommes devenus aveugles et sourds, parfaitement indifférents, ou mieux encore insensibles, au monde et aux êtres qui nous entourent. C'est cette insensibilité qui est la caractéristique essentielle de la barbarie ; la brutalité, la cruauté n'en sont que des conséquences. Avec la pétrification, c'est aussi l'individualité qui disparaît : quoi de plus interchangeable que les galets de la plage ou les cailloux du chemin ? En définitive, du monde pétrifié, c'est la vie qui s'en va, et la barbarie n'est en dernière instance que le masque de la mort.

Devant cette marée montante, ne sommes-nous pas semblables à ces piquets de balisage aperçus par le poète en Norvège, qui se dressent dérisoirement :

> *Comme s'ils voulaient attraper la neige*
> *sans bras,*
> *Et chacun sans autre support que soi*
> *face à la surpuissance du ciel ?*
>
> (Piquets de balisage pour la neige)

Même si tel est le cas, même si notre lutte est désespérée, il y a pourtant une éthique à observer, parce qu'il y a un honneur à défendre et une dignité à sauvegarder. De cette éthique, le maître-mot est sans doute l'humilité, au sens presque franciscain du terme. Etre humble, c'est d'abord se refuser à tout pouvoir et à toute domination : qui s'interdit à jamais la puissance et la grandeur se prive du même coup de toute possibilité de blesser ou d'écraser ; il se donne ainsi l'assurance qu'il ne sera en rien complice du mal, et qu'il ne lui ajoutera rien :

Nous voulions être comme les objets de terre faits
de la terre des champs
Et aussi, que personne ne puisse tuer avec nous
Nous voulions être comme les objets de terre
Au milieu
de tant
d'acier
qui roule

(Comme les objets de terre)

Ainsi Reiner Kunze en vient à nous proposer un idéal presque bouddhique de renoncement au monde et à ses prestiges, condition d'une vie respectueuse de l'autre et dévouée à l'autre :

S'en tenir
à la terre
Ne pas jeter d'ombre
sur les autres
Etre dans l'ombre des autres
Une clarté

(Chardon argenté)

Qui fait sienne cette profession de foi contracte un engagement qui concerne non seulement ses actes, mais aussi son discours. Il lui faudra d'abord se mettre en situation de "jamais plus au mensonge ne devoir baiser la bague" (A Salzbourg). Plus généralement, il fuira les équivoques et les arrière-pensées ; comme le veut l'Ecriture, son "oui" sera "oui", et son "non", "non" ; il devra "n'être obligé par personne de faire, dans le pain, l'éloge d'autre chose que du pain" (Etre poète).

Loi des hommes soucieux de l'homme, l'humilité est à plus forte raison la loi fondamentale du poète. Car la création poétique est d'abord attente et disponibilité. Prise en elle-même, la création ne saurait être en effet définie comme invention, construction ou conquête : c'est que l'image poétique se forme et se cristallise dans l'inconscient, et le poète est semblable au guetteur qui scrute à l'horizon l'apparition miraculeuse de l'aurore boréale. Comment pourrait-il tirer vanité d'une grâce qui lui est à l'origine toute entière donnée ?

Dans ces conditions, la tâche du poète est double ; il doit d'abord protéger sa réceptivité, sa capacité d'accueillir la rumeur des choses et du monde ; car celles-ci sont des joyaux fragiles :

> *Sensible*
> *est la terre au-dessus des sources, aucun arbre ne doit*
> *être abattu, aucune racine*
> *arrachée.*
> *Les sources pourraient*
> *tarir (...)*
>
> (Chemins sensibles)

L'autre tâche consiste à capturer dans le filet des mots les fusées qui jaillissent de l'inconscient : geste vital pour le poète, "Et seul le sourd-muet aussi sait ce que cela veut dire : /en vain se battre pour le mot" (Dimension). Tous ces accomplissements supposent de la modestie, de la patience et la durée nécessaire aux maturations réussies. Dans un poème qui pourrait bien passer pour son art poétique, Reiner Kunze décrit très bien le processus que j'essaie de cerner :

Les oiseaux épient plus longtemps
qu'ils ne picorent.
Et de nouveau je reste
immobile
Votre reproche de perdre du temps je le repousse
Le silence s'amoncelle autour de moi,
terre pour le poème
Au printemps nous aurons
des poèmes et des oiseaux
(Table de travail près de la fenêtre)

Ainsi l'image est toujours une trouvaille, qui doit au moins autant à la chance qu'à l'effort, et "le long de l'étonnement s'établit le poème" (Etre poète). Mais sitôt qu'elle est découverte et exprimée, elle se révèle douée de propriétés merveilleuses. Tout d'abord les mots qui la disent ne peuvent être autres que ce qu'ils sont ; elle se trouve ainsi investie d'une sorte de nécessité inconditionnelle qui lui donne la consistance de l'absolu. Fermée sur elle-même, n'offrant ni prise ni faille, elle défie les pressions, les manœuvres de séduction, les entreprises de récupération : elle est comme un roc auquel chacun d'entre nous peut amarrer sa barque bousculée par le vent. En second lieu, l'image est par définition originale et unique : autrement elle ne serait pas image poétique. Mais en cette double qualité, elle est nécessairement l'œuvre d'un individu autonome, et elle ne peut de même être reçue que par un individu autonome. Pour concevoir ou accueillir cet évènement tout à fait inouï qu'est l'image, il faut s'être débarrassé des stéréotypes et des préjugés qui forment comme une gangue autour de nous ; il faut avoir trouvé ou retrouvé son identité propre et sa personnalité authentique. Or ce qui est vrai de l'image est *a fortiori* vrai de l'œuvre dans son ensemble : elle ouvre l'individu à lui-même ; elle lui donne accès à son trésor intérieur ; elle lui restitue initiative et capacité de créer ; bref, elle est instrument et arme de libération.

Reiner Kunze se trouve finalement conduit à proclamer que l'œuvre d'art en tant que telle est toujours anti-totalitaire. Par delà toute la modestie qui entoure sa conception, la voici donc chargée de la plus haute mission : elle incarne la résistance au mal, hors de nous et en nous. Par des voies nouvelles, Reiner Kunze retrouve ici aussi bien les ambitions profondes du romantisme allemand que la tradition du poète-guide propre à l'Europe Centrale : face aux puissances de toute nature qui s'attachent sans trêve à nous asservir, le poète du XXe siècle, comme Petöfi, comme Mickiewicz, se retrouve au premier rang des combattants de la délivrance ; il n'est plus habité des mêmes espoirs, mais il est porteur des mêmes responsabilités, et comptable du même honneur.

A ces conceptions répond une poésie dont le charme discret et insistant évoque celui des premiers perce-neige, lorsqu'ils jaillissent du sol gelé sous le ciel plombé de février. Les poèmes de Reiner Kunze ont la brièveté du *Haikai*. Ils se refusent à toute jactance, à toute rhétorique et même à toute éloquence ; il faudrait les murmurer plutôt que les dire. Ils s'établissent à fleur de terre, évoquent la vie quotidienne, les êtres proches, les objets familiers ; ils atteignent parfois au dépouillement poignant des meilleurs "poèmes de la folie" de Hölderlin. A la différence de ceux-ci, cependant, ils sont des poèmes de l'instant qui s'enfuit, et qu'il faut surprendre avant qu'il ait disparu ; leur concision et leur rapidité les rapproche du fragment cher aux frères Schlegel et à Novalis ; avec le fragment, beaucoup d'entre eux partagent un autre caractère : ils sont comme illuminés par le *Witz*, cette saillie ou ce trait d'esprit qui rassemble d'un seul geste le multiple et en propose une synthèse neuve. Du coup, leur brièveté est aussi celle de l'éclair ou du feu d'artifice...

*
* *

Quant à la traductrice, la présence du texte original allemand permettra de mieux apprécier l'étonnante qualité de son travail.

Grâce à elle, une œuvre majeure de notre temps aura été — enfin — rendue accessible aux lecteurs de langue française.

EMMANUEL TERRAY

GESPRÄCH MIT DER AMSEL

DIALOGUE AVEC LE MERLE

1956-1971

antwort

Mein vater, sagt ihr,
mein vater im schacht
habe risse im rücken,
narben,
grindige spuren niedergegangenen gesteins,
ich aber, ich
sänge die liebe

Ich sage :
eben, deshalb

Réponse

Mon père, dites-vous,
mon père au fond de la mine
a des entailles dans le dos,
cicatrices,
traces croûteuses des pierres éboulées,
mais moi, je
chanterais l'amour

Je dis :
justement, pour cela même

1956

horizonte

dem dichter Jan Skácel

Ich bin des regenbogens angklagt,
und die großen farben Schwarz und Weiß
sitzen in vielen häusern
meiner stadt

Der himmel ihrer fenster erstarrt,
wenn ich die straße betrete
(Als das kümmerliche etwas,
das auf meiner hand lag,
wie ein regenbogen schimmerte
und die großen farben Schwarz und Weiß erschreckte,
sagte ich : einmal wird es blühen
Und ich schloß die hand
Nun wissen sie, ich trage es bei mir)

Auf ihrer rotationsmaschine neben meinem schlaf
vervielfältigen sie für den kommenden tag
das verschweigen
(Denn unheimlich ist den großen farben Schwarz und Weiß
das lebendige
Die poren, mit denen es atmet,
verschließen sie
So kann es nicht aufblühn)

Zwischen den großen farben Schwarz und Weiß aber
ist eine große lücke
Durch diese lücke floh ich

Nun weiß ich :
Viele möglichkeiten hat die rose

Horizons

au poète Jan Skácel

On m'accuse d'arc-en-ciel,
et les grandes couleurs Noir et Blanc
sont installées dans tant de maisons
de ma ville

Le ciel de leurs fenêtres se fige
quand je descends dans la rue
(lorsque ce quelque chose d'embryonnaire
dans ma paume ouverte,
se mit à luire comme un arc-en-ciel
apeurant les grandes couleurs Noir et Blanc,
je dis : un jour il fleurira
Et je fermai ma main
Maintenant ils savent que je l'ai sur moi)

Sur leurs rotatives près de mon sommeil
pour le jour à venir ils reproduisent
le silence gardé
(Car ce qui est vivant
donne des frissons aux grandes couleurs Noir et Blanc
Elles bouchent
tous les pores par lesquels il respire
Ainsi il ne peut s'épanouir)

Mais entre les grandes couleurs Noir et Blanc
il y a une grande brèche
Par cette brèche me suis enfui

Maintenant je sais :
La rose a plein de possibilités

1960

puschkins michailowskoje

"die front ging hier
durch den garten"

Beklommen, doch
ohne schuldgefüuhl

Verzeiht

Wer immer
die angreifer wären hier jetzt zum gegner hätten sie mich

Wer immer einfallen wird
in die offenen gärten der dichter

Le Mikhaïlovskoïé de Puschkin

"le front passait ici
à travers le jardin"

Le cœur serré, mais
sans aucun sentiment de culpabilité

Excusez

Quels que soient
les envahisseurs ici et maintenant ils me trouveraient
dressé sur leur chemin

Quel que soit celui qui envahira
les jardins ouverts des poètes

1968

En juin 1824, Puschkin a été assigné à résidence dans le domaine paternel de Mikhaïlovskoïé, près de Pskov.

sensible wege

Sensibel
ist die erde über den quellen : kein baum darf
gefällt, keine wurzel
gerodet werden

Die quellen könnten
versiegen

Wie viele bäume werden
gefällt, wie viele wurzeln
gerodet

in uns

Chemins sensibles

Sensible
est la terre au-dessus des sources : aucun arbre ne doit
être abattu, aucune racine
arrachée

Les sources pourraient
tarir

Combien d'arbres sont
abattus, combien de racines
arrachées

en nous

1966

wie die dinge aus ton

"aber ich klebe meine hälften zusammen
wie ein zerschlagener topf aus ton"
(Jan Skácel, brief vom februar 1970)

I

Wir wollten sein wie dinge aus ton

Dasein für jene,
die morgens um fünf ihren kaffee trinken
in der küche

Zu den einfachen tischen gehören

Wir wollten sein wie die dinge aus ton, gemacht
aus erde vom acker

Auch, daß niemand mit uns töten kann

Wir wollten sein wie die dinge aus ton

Inmitten
soviel
rollenden
stahls

Comme les objets de terre

"mais je recolle mes morceaux
tel un pot de terre brisé"
(Jan Skácel, lettre de février 1970)

I

Nous voulions être comme les objets de terre

Être là pour ceux
qui, le matin à cinq heures, boivent leur café
dans la cuisine

Appartenir aux tables simples

Nous voulions être comme les objets de terre faits
de la terre des champs

Et aussi, que personne ne puisse tuer avec nous

Nous voulions être comme les objets de terre

Au milieu
        de tant
                d'acier
                        qui roule

II

Wir werden sein wie die scherben
der dinge aus ton : nie mehr
ein ganzes, vielleicht
ein aufleuchten
im wind

II

Nous serons comme les débris
des objets de terre : plus jamais
un tout, peut-être
une lueur
dans le vent

1970

Les poèmes de Jan Skácel n'ont pas demandé si je voulais les traduire, mais par contre, leurs images et leur humilité obstinée, à force de me défier au fil des années et des décennies, ont fini par obtenir leur traduction. Skácel a créé une poésie de rang mondial dont le monde ne sait rien. En outre, Skácel a été longtemps interdit en Tchécoslovaquie – cela aussi nous a liés. Jan Skácel était souvent d'une humeur massacrante et méfiant, ce qui, ainsi qu'il le dit un jour à sa traductrice italienne, vient du fait "que les poètes donnent dans le poème tout ce qui est bon en eux et qu'il ne reste plus dans l'âme que les scories". Celles-ci remontent alors "à la surface aux dépens des amis". – J'ai admiré et respecté Jan Skácel, et j'aime ses poèmes.

R. K. - Hamburg, avril 2000

der weg zu euch

"es ist so leicht den weg zu uns zu finden"
(Jan Skácel)

Es war so leicht den weg zu euch zu finden

Aus wolken und wäldern die
aus den nähten platzten fanden sir ihn
noch nachts

Über kimme und korn
kürzten sie ab, die tore standen
angelweit, verwunderung
bis an die schwellen

In der finsternis, die sie
vor sich herschoben,
verirrten sie sich

Sie richteten sich ein
auf den brücken

und statt der achsen hörte man
im schlaf die menschen stöhnen

Nun ist es schwer den weg zu euch zu finden

Le chemin qui mène chez vous

"c'est si facile de trouver le chemin qui mène chez nous"
(Jan Skácel)

C'était si facile de trouver le chemin qui mène chez vous

Du fond des nuages et des forêts qui
firent éclater leurs coutures ils le trouvèrent
encore de nuit

Par les crans et points de mire
ils prirent au plus court, les portails étaient
ouverts de tous leurs gonds, étonnement
jusque sur les seuils

Dans les ténèbres qu'ils
poussaient devant eux,
ils s'égarèrent

Ils s'installèrent
sur les ponts

Et au lieu des essieux on entendait
dans leur sommeil gémir les hommes

Désormais il est difficile de trouver le chemin qui mène chez vous

1968

R. Kunze fait ici allusion aux troupes du Pacte de Varsovie que la censure, à l'époque, interdisait de nommer.

fast ein frühlingsgedicht

Vögel, postillione, wenn
ihr anhebt kommt der brief
mit dem blauen siegel, der dessen briefmarken
aufblühn dessen text
heißt :

Nichts
währt
ewig

Presqu'un poème de printemps

Oiseaux, postillons, lorsque
vous attaquez les premières notes, arrive la lettre
au sceau bleu, celle dont les timbres
fleurissent, dont le texte
dit :

Rien ne
dure
éternellement

1968

umsteigen in s.

Am bus
die eltern

Wir wollten dich nur sehen

Die augen der mutter
randvoll mit vorwürfen gegen
den vater der
schweigt

Das leben leer
und tote strecken unter tage

Geblieben
der alkohol und
der sohn der

weiterfährt

Changer à S.

Entre deux bus
les parents

Nous voulions seulement te voir

Les yeux de la mère
noyés de reproches envers
le père qui
se tait

La vie vide
et des voies abandonnées au fond de la mine

Restèrent
l'alcool et
le fils qui

repart

1969

AUF EIGENE HOFFNUNG

AUX RISQUES ET ESPOIRS

1973-1981

beim auspacken der mitgebrachten bücher

"nach übersiedlung von der Deutschen Demokratischen Republik in die Bundesrepublik Deutschland)

I

Hier dürfen sie existieren
unter ihrem namen
Mandelstam Nadeshda
Solschenizyn

Den undurchsichtigen klebestreifen
von ihren rücken entfernend, entferne ich von meinem

den unsichtbaren sträflingsstreifen

II

Hier dürfen sie
existieren

Noch

En déballant les livres emportés avec nous

après le départ de la RDA
pour la RFA

I

Ici ils ont le droit d'exister
sous leur nom
    Mandelstam Nadesha
    Solschenizyn

En ôtant les bandes opaques qui rayent leurs dos
j'ôte du mien

les invisibles rayures du condamné

II

Ici ils ont le droit
d'exister

Encore

I, 1978 / II, 1980

die zwei kinder des nachbarn

Du hörst ihr geschrei und denkst : kinder
Schon
stören sie dich nicht

Begegnest du ihnen, sind ihre kehlen
ausgetrocknet

Nicht der kleinste gruß blüht in ihnen

Wieder und wieder sprichst du sie an
Sie schweigen und blicken wie sieger

Du wirst schuldig unter ihren blicken

Auf bitten der mutter holst du den kindern
tennisbälle aus der dachrinne

Sie sammeln sie ein und gehn weg,
ihre sommerlichen rücken zwei nackte vorwürfe

Les deux enfants du voisin

Tu entends leurs cris et songes : des enfants
Déjà
ils ne te dérangent pas

Quand tu les rencontres, leurs gorges sont
taries

Pas le plus petit bonjour ne fleurit en eux

Tu leur adresses la parole encore et encore
Ils se taisent et regardent comme des vainqueurs

Tu deviens coupable sous leurs regards

Aux demandes de la mère tu rapportes aux enfants
des balles de tennis tombées dans la gouttière

Ils les ramassent et s'en vont
leurs dos ensoleillés deux reproches nus

1978-1979

einladung, mozart zu hören

Es regnet

Die Donau zieht im tal
und am himmel hin

Am himmel nur fehlen die schiffe

Unten halten sie den fahrplan ein
für ein paar durstige

Der regen sinkt in die seelen

Laß uns die angel auswerfen
nach oben

Invitation à écouter Mozart

Il pleut

Le Danube s'en va dans la vallée
et au ciel

Au ciel seuls manquent les bateaux

En-bas ils respectent l'horaire
pour quelques assoiffés

La pluie sombre dans les âmes

Lançons la ligne
en haut

1978-1979

in den highlands

Einmal, noch vor erschaffung des menschen,
versuchte sich gott als kupferschmied

So entstand
der herbst in den Highlands

Dann verließ gott die einsamen berge für immer

Er war noch jung,
aber schon gott

In den kesseln
blieb ewiges wasser zurück

Du kannst die geduld wiederfinden,
die gott hier verlor

Dans les Highlands

Une fois, bien avant la création de l'homme,
dieu s'essaya comme dinandier

Ainsi apparut
l'automne dans les Highlands

Puis dieu quitta pour toujours les montagnes solitaires

Il était encore jeune
mais déjà dieu

Dans les chaudrons
il resta à jamais de cette eau éternelle

Tu peux retrouver la patience
que dieu perdit ici

1978

silberdistel

Sich zurückhalten
an der erde

Keinen schatten werfen
auf andere

Im schatten der anderen
leuchten

Chardon argenté

S'en tenir
à la terre

Ne pas jeter d'ombre
sur d'autres

Etre dans l'ombre des autres
une clarté

1978

leere schneestangen, norwegen, mitte september

In dieser steinöde werden sie
zu wesen

Als wollten sie den schnee auffangen
ohne arme

Und jede ganz auf sich gestellt
gegen die übermacht des himmels

Piquets de balisage pour la neige, vacants, en Norvège à la mi-septembre

Dans ces solitudes de pierre ils deviennent
des êtres

Comme s'ils voulaient attraper la neige
sans bras

Et chacun sans autre support que soi
face à la surpuissance du ciel

1980

dauerregen über passau

Vom himmel stürzt der vierte fluß,
und die kuppeln des doms sind grün von tang

Der tag ist nahe, an dem in den straßen
der fisch springen wird

Und der kahn, jahraus jahrein angekettet unterm
brückenbogen,
erbebt vor hoffnung,

mit der stirn
den scheitel der brücke berühren zu dürfen

Pluie interminable sur Passau

Du ciel s'abat le quatrième fleuve,
et les coupoles de la cathédrale sont vertes d'algues

Le jour est proche où, dans les rues
bondira le poisson

Et la barque au fil des années enchaînée sous l'arche
du pont,
tremble à l'espoir

de pouvoir
toucher du front la clef du pont

1980

die silhouette von lübeck

Damit die erde hafte am himmel, schlugen die menschen
kirchtürme in ihn

Sieben kupferne nägel, nicht aufzuwiegen
mit gold

La silhouette de Lübeck

Afin que la terre tienne au ciel, les hommes ont enfoncé en lui des clochers

Sept clous de cuivre qui valent plus que leur pesant d'or

1979

an der donau im nebel

Bis zum mittag kräht der hahn, ihm will
nicht morgen werden

Mit so dünnen stimmbändern müht er sich,
gott zu wecken, damit er

die falltür öffne über dem tal

Près du Danube dans le brouillard

Jusqu'à midi coquerique le coq, pour lui
le matin n'en finit pas d'arriver

De ses cordes vocales si ténues il tente
de réveiller dieu afin qu'il

ouvre la trappe au-dessus de la vallée

1979

auf dem friedhof von o.

für Elisabeth

Eine enge, als neideten die gräber
einander die erde

Keine bank, deren lehne dann dir oder mir
ein flügel werden könnte

Au cimetière de O.

pour Elisabeth

Une exiguïté comme si les tombes se jalousaient
la terre

Pas un seul banc dont le dossier pourrait alors
nous devenir une aile
à toi ou à moi

1978

schreibtisch am fenster, und es schneit

Vögel sichern länger als sie
futter aufnehmen

Und wieder verharre ich
reglos

Euren tadel daß ich zeit vergeude
weise ich zurück

Stille häuft sich an um mich,
die erde fürs gedicht

Im frühling werden wir
verse haben und vögel

Table de travail près de la fenêtre et il neige

Les oiseaux épient plus longtemps
qu'ils ne picorent

Et de nouveau je demeure
immobile

Votre reproche de perdre du temps
je le repousse

Le silence s'amoncelle autour de moi
terre pour le poème

Au printemps nous aurons
des poèmes et des oiseaux

1980

beschneiden der apfelbäume im winter

Mit den ihren
kappe ich alle zweige in mir die
hoch hinauswollen

Von neuem
auf die augen setzend

Und auf die äste nach außen

Durch die krone eines apfelbaums
muß ein mann mit korb hindurchgehn können, sagen
die alten gärtner

Und übergroßes leid und übergroße freude
müssen hindurchgehn können
durch uns

Emondage des pommiers en hiver

Avec les leurs
j'élague tous les rameaux en moi qui
veulent monter

De nouveau
misant sur les yeux

Et sur les branches fruitières

La couronne d'un pommier un homme et son panier
doivent pouvoir la traverser
disent les vieux jardiniers

Et souffrance trop grande et trop grande joie
doivent pouvoir
nous traverser

1979-1980

erstes geleit

für Clemens Graf Podewils

Kunze hat sich angepaßt
(exilantenwort)

Ich passe mich an

Ich habe einen freund zu grabe getragen

Ich passe mich dieser wahrheit an
wie er sich nun anpaßt der erde

Premier accompagnement

pour Clemens Graf Podewils

Kunze s'est adapté
(parole d'exilé)

Je m'adapte

J'ai porté un ami en terre

Je m'adapte à cette vérité
comme lui désormais s'adapte à la terre

1978

erasmus von rotterdam

Er wußte, was brücken wissen : Sie verbinden
über wasser, was unter wasser
verbunden ist

Doch das eine ufer war sumpf,
das andere feuer

Erasme de Rotterdam

Il savait ce que savent les ponts : ils relient
sur l'eau ce qui sous l'eau
est relié

Mais l'une des berges était marécage
l'autre, feu

1980

dimension

Gern setze ich mich zum taubstummen, mit den lippen
wörter schälen

Zuhören kann fast nur noch der taube

Er will *verstehen*

Und nur der stumme auch weiß, was es heißt,
vergebens ums wort zu ringen

Hin und wieder ernennen wir uns durch zunicken
zu alten hasen (jeder im nacken
die meutefühlige narbe)

Gern setze ich mich zum taubstummen, mit den augen
hören, wenn ringsum sich die stimmen
überschlagen

Dimension

J'aime aller m'asseoir avec le sourd-muet, éplucher
des mots avec les lèvres

Il n'y a que le sourd-muet presque pour savoir comment écouter

Il *veut* comprendre

Et seul le muet aussi sait ce que cela veut dire
en vain se battre pour le mot

Parfois en opinant nous nous intronisons
vieux lièvres (avec chacun sur la nuque
la cicatrice qui sent venir la meute)

J'aime aller m'asseoir avec le sourd-muet, des yeux
écouter quand, tout autour, le bruit des voix
couvre les voix

1980

liebesgedicht nach dem start
oder
mit dir im selben flugzeug

Sieh den schatten auf der erde den winzigen schatten der
mit uns fliegt

So bleibt die größte unserer ängste
unter uns zurück

Nie ist die wahrscheinlichkeit geringer daß der eine
viel früher als der andere stirbt

Poème d'amour après le décollage
ou
avec toi dans le même avion

Vois l'ombre sur la terre l'ombre minuscule qui
vole avec nous

De même la plus grande de nos peurs nous la laissons
au-dessous de nous

Jamais n'est plus infime la vraisemblance que l'un
meure bien avant l'autre

1980

tagebuchblatt 80

Die kletterrosen blühn, als verblute die landschaft

Als habe sie sich die adern geöffnet

Als wisse sie, was kommt

Auch die landschaft, werden sie behaupten, dürfe
nicht mehr nur sein, auch sie
müsse dafür sein oder dagegen

Page de journal intime

Les rosiers grimpants sont en fleurs, comme si le paysage saignait

Comme s'il s'était ouvert les veines

Comme s'il savait ce qui va arriver

Le paysage lui aussi, affirmeront-ils, n'a plus
le droit seulement d'être, lui aussi
a pour obligation d'être pour ou contre

1980

EINES JEDEN EINZIGES LEBEN

L'UNIQUE VIE DE CHACUN

1982-1985

heimat trotz wenn und aber

Das dach zwei kupferne flügel, angewinkelt, ein haus das abhebt

In den fängen
mein land

Un coin de pays envers et contre tout

Le toit, deux ailes de cuivre, dépliées, une maison qui s'envole

Dans les serres
mon pays

1982

vorfrühling

Die wiese, in der tiefe noch gefroren,
blüht vor möwen

Das ufer wäscht seine weiden

Die schleife, die der fluß zieht, bindet
mit jedem morgen fester

Avant-printemps

La prairie encore gelée en profondeur
fleurit de mouettes

La berge lave ses saules

Le ruban que tire le fleuve attache
plus fort, chaque matin

1984

neben dem stufenleger kniend

Unmerklich das gefälle, mit dem
die stufe dem fuß
entgegenkommt

Wie das gefälle bestimmen
des wortes, damit es sich entgegenneige
unmerklich

Agenouillé près de l'ouvrier qui pose les marches

Imperceptible cette inclinaison par laquelle
la marche prévient
le pied

De même ajuster l'inclinaison
du mot afin que, prévenant, il penche
imperceptible

1983

der vater reist zurück

Einmal, heimgekommen von der schicht,
hatte der vater gesagt, er arbeite
genau unterm friedhof

Wo es doch nichts tieferes gab
als das grab...

Später, untertage,
sahst du es mit eigenen augen :
Die toten fuhr man
nach oben

Und dennoch - bei den augen von greisen,
wenn der zug anfährt :

Nichts ist tiefer als das grab

Le père repart

Une fois, de retour de la mine
le père avait dit qu'il travaille
juste sous le cimetière

où il n'y avait rien de plus profond
que la tombe...

Plus tard, au fond de la mine,
tu as vu de tes propres yeux :
les morts on les remontait
à la surface

Et pourtant - dans les yeux des vieillards
quand le train s'ébranle :

Rien n'est plus profond que la tombe

1985

der vater, sehr gealtert

Immer schon hättest du nach seinem schweigen
eine linie ziehen können - eine
gerade

Nun aber reichst du nicht hin, wohin
sein schweigen reicht

Le père, très vieilli

Depuis toujours tu aurais pu tirer une ligne
le long de son silence - une ligne
droite

Mais désormais tu ne vas pas jusqu'où
va son silence

1983

alter grosstadtfriedhof

Eines tages stirbt auch der friedhof

Der toten sind ihm zuviel
und vor marmor kann er nicht mehr atmen

Die menschen wissen nicht wohin mit ihm -
es gibt keinen friedhof für friedhöfe -
und überlassen ihn der zeit

Dann gehen sie hin und schauen nach,
was übrigbleibt

Vieux cimetière des grandes villes

Un jour le cimetière lui aussi meurt

Il n'en peut plus de tant de morts
et avec tout ce marbre il ne peut plus respirer

Les hommes ne savent pas quoi en faire -
il n'y a pas de cimetière pour les cimetières -
et laissent le temps s'en charger

Ensuite ils y vont pour voir
ce qui reste

1983-1985

besuch aus mähren

Leer für bücher las er nacht für nacht, heftig
zigaretten rauchend und hustend gegen morgen daß es
dröhnte als brächen vom baum seines atems
riesige abgestorbene äste

Am tag mißtraute er

Als faustpfand hatten sie dort bei ihnen
sein altersbrot

Und die erde für sein grab

Doch beharrte er darauf daß nirgendwo sonst
erde erde sei,
                    und durch die haut seiner worte
schimmerte das knöchelweiß der faust die auch er
in der jugend geballt hatte

Visite venue de Moravie

Vide et avide de livres il lisait nuit après nuit, tant et plus
fumant des cigarettes et sur le matin toussant avec
fracas comme si de l'arbre de son souffle se cassaient
de gigantesques branches mortes

Le jour il se méfiait

Là-bas chez eux ils avaient en gage
le pain de sa vieillesse

Et la terre de sa tombe

Pourtant il n'en démordait pas que nulle part ailleurs
la terre fut terre,
                              et à travers la peau de ses paroles
luisait l'éclat blanc des jointures du poing que lui aussi
avait serré dans sa jeunesse

1982-1984

bittgedanke, dir zu füssen

Stirb früher als ich, um ein weniges
früher

Damit nicht du
den weg zum haus
allein zurückgehn mußt

Pour toi, en hommage, cette demande en pensée

Meurs avant moi, juste un peu
avant

Afin que ce ne soit pas toi
qui aies à revenir seule
sur le chemin de la maison

1983

meditation über einen torso

"... eine (spätantike) marmorne Venusstatue...,
die durch jahrhundertelange obligate Steinwürfe
der St. Mathias-Pilger, die damit dem Heidentum
abschwören sollten, bis zur Unkenntlichkeit
verstümmelt wurde"
(katalog)

Die finsternis in der faust
ist ein stück der finsternis in uns

Wer die faust erhebt, erhebt
das dunkel zum zeichen

Und in dem augenblick, da wir steinigen,
ist in uns die finsternis
dicht wie im stein

Méditation sur un torse

"... statue (haute antiquité) : Vénus, en marbre...
mutilée jusqu'à en être méconnaissable,
par les jets de pierre obligés des pèlerins
de St Mathias qui devaient ainsi
abjurer le paganisme"
(catalogue)

Les ténèbres dans le poing
sont un morceau de ténèbres en nous

Qui brandit le poing, brandit
l'obscurité en signe

Et à l'instant où nous lapidons
en nous les ténèbres sont
denses comme dans la pierre

1983

zettel in den fugen der klagemauer von jerusalem

Vielleicht, damit gott nicht vergißt

Damit er die angst
schwarz auf weiß hat

Petits papiers entre les pierres du mur des lamentations de Jérusalem

Peut-être, pour que dieu n'oublie pas

Pour qu'il ait la peur
noir sur blanc

1984

in salzburg, auf dem mönchsberg stehend

(nach ankunft im westen Europas)

Wiederzukehren
hierher, können von nun an mich hindern
armut nur, krankheit
und tod

Im kupferlaub der dächer geht der blick
den abend ab

Heimat haben und welt,
und nie mehr der lüge
den ring küssen müssen

A Salzbourg, debout sur le Mönchsberg

(après notre arrivée en Europe de l'Ouest)

Revenir
ici : désormais seules peuvent m'en empêcher
pauvreté, maladie
et mort

Dans le feuillage cuivré des toits le regard
parcourt le soir

Avoir un coin de pays et le monde
et jamais plus au mensonge ne devoir
baiser la bague

1984-1985

wiederbegegnung bei euch

Nicht gewillt,
um Milde zu bitten
Peter Huchel

Wenn eure lesebücher die verluste melden werden,
die eure zeitungen verschweigen - dann
vielleicht

Doch zu ende zählen werden wir die tage nicht

Euch, die ihr gespräche dort pflanzt,
wo sie befahlen, die wurzeln zu roden,
hinterlasse ich den treffpunkt,
damit ihr ihn hinterlaßt :

Beim blauen schriftzug des eisvogels,
der nur dann seinen ort verläßt,
wenn den bächen das eis
bis zum quell steht

Retrouvailles chez vous

Impensable
d'implorer clémence
Peter Huchel

Lorsque vos livres de lecture annonceront les pertes
que vos journaux passent sous silence - alors
peut-être

Mais nous ne compterons pas jusqu'au bout les jours

Vous qui plantez des dialogues là
où ils donnèrent l'ordre d'arracher les racines
je vous transmettrai le point de rencontre
afin que vous le transmettiez

Près du paraphe bleu du martin pêcheur
qui ne quitte son lieu que
lorsque les torrents sont pris par les glaces
jusqu'à la source

1985

EIN TAG AUF DIESER ERDE

UN JOUR SUR CETTE TERRE

1990-1997

in erlau, wortfühlig

Wir schlafen, die wange am fluß,
an der unbeirrbarkeit des wassers

Doch immer öfter liegen wir wach,
um halt zu finden an der stille

Abseits der wörter
von den wühltischen der sprache

Vor dem haus, in der astgabel der eibe,
brütet die amsel unhörbar gesang aus,

und die glocke von Pyrawang jenseits des stroms
bucht ab von der zeit

Erlau à l'infime des mots

Nous dormons, la joue contre le fleuve,
près des eaux sans errance

Mais de plus en plus souvent restons allongés, éveillés,
pour trouver appui près du silence

A l'écart des mots
soldés aux braderies de la langue

Devant la maison, dans la fourche de l'if,
imperceptible, le merle couve un chant,

et la cloche de Pyrawang par-delà le fleuve
prélève sur le temps

1996

nachtmahl auf dem acker

Wenn großvater am abend
das kräutichtfeuer schürte,
machte er die sterne,
die später über unseren köpfen standen

Wir erkannten sie wieder

Und der mond war ein armer bruder,
der zur sonne betteln ging
(manchmal bekam er etwas,
manchmal nicht)

Ich wußte noch nicht, daß der mond
das vorweggenommene antlitz ist
der erde

Ich war noch nicht Adam,
und großvater ähnelte gott

Damals, als ich noch vom himmel aß

Repas du soir dans les labours

Quand grand-père au soir
attisait le feu de fanes
il faisait les étoiles
qui après étaient au-dessus de nos têtes

Nous les reconnaissions

Et la lune était une petite sœur des pauvres
qui allait mendier auprès du soleil
(parfois elle recevait quelque chose,
parfois rien)

Je ne savais pas encore que la lune
est le visage anticipé
de la terre

Je n'étais pas encore Adam
et grand-père ressemblait à dieu

Autrefois, quand je mangeais encore à la table du ciel

1997

frage und antwort

den enkeln

Unser schicksal ?

Vieles in uns
ist älter als wir

Unsere rechenschaft ?

Mit der wahrheit haderten wir nicht,
weil wir uns irrten, sondern stets,
weil sie ist, wie sie ist

Unser rat ?

Das mögliche trennen
vom unmöglichen

Unsere trauer ?

Daß wir hatten sein können,
wie wir einmal waren —
sie hatten uns geformt
nach ihrem bild
Bis wir uns erblickten
in verbotenen spiegeln

Question et réponse

à mes petits-enfants

Notre destin ?

Beaucoup de choses en nous
sont plus vieilles que nous

Les comptes que nous rendons ?

Si nous avons eu maille à partir avec la vérité
ce n'est pas parce que nous étions dans l'erreur,
mais constamment parce qu'elle est comme elle est

Notre conseil ?

Séparer le possible
de l'impossible

Notre chagrin ?

Que nous ayons pu être
ce que nous fûmes une fois —
ils nous avaient formés
à leur image
Jusqu'à ce que nous nous vîmes
dans des miroirs interdits

Unsere feste ?

Unter bäumen
licht und schatten miteinander teilen

Dem pianisten
ruhmeskörner streuen

Fermaten schweigen
nach den noten des weinbergs

Nos fêtes ?

Sous des arbres
partager ensemble lumière et ombre

Au pianiste
jeter des grains de renommée

Taire les points d'orgue
après les notes du vignoble

1997

mireille zu gast

Ihr stammbaum ist kahl
vor abgeschlagenen ästen

Heimat ist ihr nicht gegeben,
der brandstätten sind viele

Sie wählt orte zu sein
und schafft sich heimaten
aus sprachen

Wo immer der mensch von vorn beginnt,
dolmetscht sie
von enttäuschung zu enttäuschung

Als man wälder entlaubte, zog sie
unter das schwarze geäst

Uns wird die welt nicht ändern

Ihre hand ist ein vogelschnabel,
der ruhlos pickt

Als wolle aus dem stoff der sessellehne
er fäden ziehen
endlich für ein nest

Mireille, en hôte

Son arbre généalogique est nu
de tant de branches abattues

Il ne lui est pas donné d'avoir des racines
il y a tant de lieux sinistrés

Elle choisit des terres où exister
et se crée des pays
de langues

Partout où l'être humain recommence de rien
elle se fait l'interprète
de désillusion en désillusion

Lorsqu'on défolia des forêts elle partit
sous les noirs branchages

Mais le monde, lui, ne nous changera pas

Sa main est un bec d'oiseau
qui picore sans répit

Comme si de l'étoffe de l'accoudoir il voulait
tirer des fils
enfin pour un nid

1996

november

Der himmel schneeschwarz,
und im teich beginnt's
heraufzuschnein

Lautlos

Wie in uns, wenn wir ergrauen

Novembre

Le ciel noir de neige,
et dans l'étang commence
à monter la neige

Sans bruit

Comme en nous, quand nous blanchissons

1996

spaziergang zu allen jahreszeiten

für E.

Noch arm in arm
entfernen wir uns voneinander

Bis eines wintertags
auf dem ärmel des einen
nur schnee sein wird

Promenade en toute saison

pour E.

Encore bras dessus bras dessous
nous nous éloignons l'un de l'autre

Jusqu'à ce qu'un jour d'hiver
sur la manche de l'un
il y aura seulement de la neige

1998

dichterverleger

für Ryszard Krynicki

Für die existenz der poesie
die existenz riskieren

Die halbe bibliothek verkaufen,
um ein buch zu drucken

Es heften
mit dem eigenen lebensfaden

poète éditeur de poètes

pour Ryszard Krynicki

Pour l'existence de la poésie
risquer son existence

Vendre la moitié de sa bibliothèque
pour imprimer un livre

Le brocher
avec le fil de sa propre vie

1996

auf dem friedhof in brünn

"... ich habe meinen alten treuen füllhalter verloren...
Könntest Du mir einen neuen schicken ? Wenn möglich
mit einer feder, die schattig schreibt, d.h. mit einer
spitze, die schräg geschritten ist, keine weiche, so daß
die schrift, wenn man aufdrückt, einen leichten
schatten wirft"
Jan Skácel, brief ohne datum

"... könntest Du mir einige gläser schwarzer tinte schicken ?
J. S., 18.9.1989

An schwarzer tinte reicht's nun
für die ewigkeit

Woher aber nimmst du
den schatten dort ?

Wie das grab für dich schweigt !

Immer hattest du gewollt, daß das geheimnis
geheimnis bleibt

Auch für dich selbst
und im eigenen vers

Wir stehn, den kopf geneigt, stehn
auf der lichtseite deiner feder

Au cimetière de Brünn

"... j'ai perdu mon vieux stylo fidèle...
Pourrais-tu m'en envoyer un neuf ? Si possible avec une plume
qui écrit en faisant de l'ombre, c.à.d. avec une pointe
taillée en biseau, mais pas une pointe souple,
de façon que l'écriture, quand on appuie, jette
une ombre légère"
Jan Skácel, lettre sans date

"... pourrais-tu m'envoyer quelques flacons d'encre noire ?"
J. S., 18.9.1989

De l'encre noire il y en a désormais suffisamment
pour l'éternité

Mais où vas-tu prendre
l'ombre là-bas ?

Comme elle se tait pour toi la tombe !

Toi qui avais toujours voulu que le secret
reste un secret

Pour toi même aussi
et dans ton propre vers

Nous sommes là, debout, tête inclinée, debout
du côté lumière de ta plume

1996

namibisches hochland

Wo das licht
wurzeln schlägt

Wo das licht
überwintert auf dem halm

Wo durchs schwarze gewölk des dornbuschs
licht bricht
von unten

Hautes terres de Namibie

Où la lumière
jette des racines

Où la lumière
hiverne sur le brin d'herbe

Où, perçant le noir nuage du buisson épineux
la lumière jaillit
d'en bas

1997

die mauer

Als wir sie schleiften, ahnten wir nicht,
wie hoch sie ist
in uns

Wir hatten uns gewöhnt
an ihren horizont

Und an die windstille

In ihrem schatten warfen
alle keinen schatten

Nun stehen wir entblößt
jeder entschuldigung

Le mur

Lorsque nous l'avons rasé, nous n'avions pas idée
comme il est haut
en nous

Nous nous étions habitués
à son horizon

Et au calme plat

Dans son ombre personne
ne jetait d'ombre

Maintenant nous voilà dépouillés
de toute excuse

1990

wenn du es wissen wolltest

"es scheint, das eis hat sich bewegt"
Jan Skácel, letzter brief vor seinem tod
am 7. november 1989

Das eis, mein lieber, ist geborsten

Doch wenn du wissen wolltest,
was aus uns geworden ist,
wenn es möglich wäre, daß du's wissen wolltest,
würde ich dir raten :
frag nicht

Die menschen meiden die stille

Sie könnten in sich sonst
die schuld knien hören

Si tu voulais savoir

"Il me semble que la glace a bougé"
Jan Skácel, dernière lettre avant sa mort
le 7 novembre 1989

La glace, mon cher, a craqué

Mais si tu voulais savoir
ce qu'il est advenu de nous,
s'il était possible que tu veuilles le savoir,
je te conseillerais :
ne questionne pas

Les hommes évitent le silence

Ils pourraient sinon entendre
en eux s'agenouiller la faute

1996

der irrtum des pilatus

Er sah nur Jesus, sah
nicht jene,
die berichten würden
von jahrtausend zu jahrtausend

L'erreur de Pilate

Il ne vit que Jésus, ne vit pas
ceux
qui relateraient
de millénaire en millénaire

1997

vers zur jahrtausendwende

Wir haben immer eine wahl,
und sei's, uns denen nicht zu beugen,
die sie uns nahmen

Vers pour le tournant du siècle

Nous avons toujours un choix,
et ne serait-ce que de ne pas nous incliner devant
ceux qui nous en privèrent

1997

dann

Eines tages wird uns in der seele frösteln,
und die landschaft wird uns zu knapp sein,
um sie zusammenzuziehen
über der brust

Dann werden wir die säume abgreifen,
ob etwas eingeschlagen ist

Alors

Un jour le froid nous transira dans l'âme
et le paysage sera trop rétréci
pour pouvoir le remonter
sur notre poitrine

Alors nous tâterons l'ourlet
si jamais il reste encore un peu de marge

1997

ein tag auf dieser erde
(auszüge)

Gott erlaubte es
und gab aus den tiefen den kindern den fisch
als geheimnis
und stummes kleinod fast als ein lösegeld
für alles was er uns vorenthält

Der nagel, an dem die welt hängt,
senkrecht über dir

Auf der heißen haut des watestiefels
sonnt sich die eidechse

Ihr grün
stellt das stiefelgrün
in den schatten

Als blicke sie mit jeder perle ihrer haut,
späht sie zum brombeerdorn

Dir grünen mild die augen zu :
auf rotem lidsamt
verlöschen smaragde…

Am anderen ufer — ist das möglich ? — er,
der verstorbene dichter

Un jour sur cette terre
(extraits)

Dieu le permit –
Et des profondeurs donna aux enfants le poisson
comme un secret
et muet joyau presque comme pour racheter
tout ce dont il nous prive

A la verticale au-dessus de toi,
le clou auquel le monde est suspendu

Sur la peau brûlante des cuissardes
le lézard prend le soleil

Sa couleur verte
éclipse
le vert des bottes

Comme s'il regarde par chacune des perles de sa peau,
il guette le roncier

Tout ce vert doucement te ferme les yeux :
sur le velours rouge des paupières
s'éteignent des émeraudes…

Sur l'autre rive — est-ce possible ? — lui,
le poète mort

Und dir ist, als hörtest du ihn sagen :
... der ein angler ist

Wie hast du mich gefunden ? rufst du
Er aber steht zum rauschen des bachs,
als höre er nicht,
sondern ahne nur

Der fluß Lethe ist gefroren, rufst du,
die zu lebzeit totgeschwiegnen dichter
sind nun auf dem weg !

Er schweigt

Du erinnerst ihn
an den löwenzahn in den gelben augen der amsel :
  eines tages
  brechen wir auf
  und gehen den vers angeln,
  den, mit dem der fluß flucht, wenn er so über die steine
  nachts, im dunkeln, stolpert

Da hebt die rute er
und wirft

Et il te semble l'entendre dire :
... lui qui est pêcheur à la ligne

Tu appelles : comment m'as-tu trouvé ?
Mais lui rejoint le murmure du ruisseau,
comme s'il n'entend pas,
mais devine seulement

Tu appelles : le fleuve Lethe est pris par les glaces
les poètes qui de leur vivant furent passés sous silence mortifère
sont maintenant en chemin !

Il se tait

Tu lui évoques le souvenir
de la *dent-de-lion dans les yeux jaunes du merle :*
un jour
nous partirons
et irons pêcher le poème
celui avec lequel le fleuve jure lorsqu'il trébuche ainsi sur les pierres
la nuit, dans le noir

Alors il monte sa ligne
et lance

In der luft
ein schwarzer schriftzug, hingeschwungen
wie unter einen erlösenden brief
Die schnur aber streift deine wange

Du schreckst auf
und siehst noch die viper gleiten ins loch,
vor dem du schliefst

Zu deuten hattest du versäumt
den eidechsenblick

Dans les airs
noir paraphe, enlevé
comme au bas d'une lettre qui délivre
Mais le fil effleure ta joue

Tu sursautes
le temps de voir la vipère glisser dans le trou
devant lequel tu dormais

Tu avais omis de déchiffrer
le regard du lézard

Plötzlich ruft der bach
mit der stimme deines vaters dich
beim namen

Mit der stimme, die am abend
vom hohen fensterhimmel
dem spiel ein ende setzte

Ein strudellaut…

Der rufer ist in dir,
und abend ist's, mein sohn

Soudain le torrent
avec la voix de ton père t'appelle
par ton nom

Avec cette voix qui, au soir
du haut de la fenêtre de ciel
mettait fin au jeu

Un bruit de tourbillon...

Celui qui appelle est en toi,
et c'est le soir, mon fils

Die weiden haben vom himmel
das letzte tageslicht gekehrt, der bach
dunkelt es ein

Rings um den mond, den beinernen schädel,
tritt aus der nacht
das vanitasbild

Les saules ont balayé du ciel
la dernière clarté du jour, le torrent
l'enténèbre

Tout autour de la lune, crâne ossu,
se détache de la nuit
vanité

1993-1995

GESPRÄCH MIT DER AMSEL

AUF EIGENE HOFFNUNG

TABLE

EINES JEDEN EINZIGES LEBEN

EIN TAG AUF DIESER ERDE

L'UNIQUE VIE DE CHACUN

UN JOUR SUR CETTE TERRE

UN JOUR SUR CETTE TERRE,

composé en Didot,
a été achevé d'imprimer
pour l'automne deux mille un
sur les presses de Cheyne éditeur
au Chambon-sur-Lignon
Haute-Loire.

Il en a été tiré
huit cents exemplaires
sur Centaure naturel
qui constituent l'édition originale
de cette traduction française.

Dépôt légal quatrième trimestre 2001